I0706819

Joel James Figarola

Acerca del Diario de Campaña
de Carlos Manuel de Céspedes

Acerca del Diario de Campaña
de Carlos Manuel de Céspedes
Joel James Figarola

© Herederos de Joel James Figarola

Primera edición: febrero de 2022

© De la presente edición: Ediciones Exodus, 2022
   Edición: Ángel Velázquez Callejas
   Dirección de arte: Roger Castillejo Olán
   Ediciones Exodus es un sello editorial de Ego de Kaska Foundation Inc.

ISBN: 979-84-23139-74-2

Sumario

Los cuadernos del Diario del «Pater Patriae»

Entre los *manuscritos* que dejó en sus pertenencias el prócer cubano el día de su muerte, el 27 de febrero de 1874 en San Lorenzo y que fueron incautadas como trofeo de guerra por las tropas españolas, se hallaron varias libretas de apuntes en forma de diarios escritos entre 1872 y 1874.

Lo que se conoce como *Diario Perdido*, y lleva hasta entonces cinco ediciones, consta de dos «libretas de anotaciones», la primera de 136 folios que se extiende desde el 25 de julio de 1873 hasta el 6 de diciembre de 1873; la segunda libreta de 88 folios, abarca desde el 6 de diciembre de 1873 hasta el 27 de febrero de 1874.

Según los testimonios publicados hasta ahora, en 1894, el patriota y brigadier Julio Sanguily Garritte adquirió el «Diario» por medio de compra-venta al ejército español. Al morir en 1906 Julio, el *Diario* pasó a manos de su hermano Manuel, quien lo traspasó en vida a su hijo Manuel Sanguily Arzti en 1925. En 1946, la viuda de Sanguily Arzti lo confirió al historiador y diplomático José de la Luz León, último guardián, quien después de su muerte, en 1981, la viuda Alice Dana, por expresa voluntad testamentaria, entregó en un sobre cerrado a la Oficina del Historiador de La Habana. En el sobre una nota decía: «Estos papeles son de mi patria».

La primera publicación de estas *libretas* fue la edición Príncipe española de 1992, (Imprenta Malmierca, Zamora, España) con prólogo de Hortensia Pichardo bajo el título de *El diario perdido*. En ese mismo año de 1992, aparecieron dos ediciones cubanas, una por Publicimex y la otra por la Editorial de Ciencias Sociales, ambas con prólogo de Hortensia Pichardo, presentación de Abel Prieto y un ensayo de entrada de Eusebio Leal. Y, en 1994, ve la luz una reedición. En 1998 nace la edición más ambiciosa (Ediciones Boloña, Oficina del Historiador de La Habana), corregida y aumentada, con documentos inéditos y nuevos textos de referencias.

Sin embargo, según la historiadora Yolanda Díaz Martínez, en el Archivo Nacional de Cuba se guardan «los originales del fragmento de un *Diario de Operaciones* escrito por él entre el venticuatro de julio de 1872 y el primero de enero de 1873, y que, dichos «documentos tuvieron una tirada muy limitada en 1964 por el Instituto de Historia de la Academia de Ciencias de Cuba, por lo que hoy pueden ser considerados una rareza histórica».

Efectivamente, se trata de los nombrados *fragmentos del diario* de Céspedes que Hortensia Pichardo menciona en el prólogo que escribiera para la primera edición española de *El diario perdido*. En el prólogo apunta: «el Instituto de Historia de la Academia de Cuba, en 1964, publicó los primeros fragmentos de *un diario* de Céspedes correspondientes al 24 de septiembre de 1872 hasta el primero de enero de 1873». Desde luego, los fragmentos del *Diario* de Céspedes (de 1872-73) no fueron incluido en la edición cubana de 1992 de *El diario perdido* (1873-74).

Al respecto, la *presentación* de Abel Prieto de la reedición cubana de 1994 (tampoco incluye el *fragmento* del diario publicado en 1964) da cuenta de que «hasta ahora, solo conocíamos el diario que comprende desde el 24 de julio de 1972, hasta el primero de enero de 1873, donado al Archivo Nacional de Cuba por Alba de Céspedes, al que faltan varias páginas de diciembre de 1872. Gracias a una carta del Presidente a su esposa Ana de Quesada, se sabe que en 1871 llevó sus impresiones a un cuaderno, por desgracia perdido».

Los *fragmentos del Diario* de Céspedes de 1871-72, que tampoco aparecen incluidos en la edición aumentada y corregida de 1998, ya habían sido publicados íntegramente en el libro *Carlos Manuel de Céspedes. Escritos*, v. 1 (Editorial de Ciencias Sociales), bajo la labor compiladora de Fernando Portuondo y Hortensia Pichardo en 1974 cuyos originales los transcribieron de los documentos del archivo personal de Manuel Sanguily. Tomando la anterior compilación sobre los escritos de Céspedes, en 1978 Mayra Díaz Arango publicó los fragmentos con el título: *Diario: julio de 1872 a enero de 1873*, Editorial de Ciencias Sociales, 94 págs.

No cabe duda de que Joel James Figarola leyó ambas publicaciones acerca del *Diario* de Céspedes y escribió sobre el mismo un interesante texto publicado en forma de *ensayo* en la *Revista de la Biblioteca Nacional* José Martí (año 82, 3ra época, número 1-2 de 1991, págs. 73-89). Hemos transcrito el ensayo de Joel James y sin hacerle ningún cambio de escritura lo publicamos ahora bajo el sello editorial Exodus. Queremos agradecer a la familia de Joel, a su esposa e hija, la autorización de los derechos de autor para la presente edición.

Las consideraciones de Joel James Acerca del *Diario de Campaña de Carlos Manuel de Céspedes* (1872-73) son tan válidas como oportunas para leer y penetrar en las esencias ocultas del *Diario Perdido* de 1873-74. Sobre el sentido de la vida beligerante, que según Joel fue en los comienzos de la Guerra Grande mucho más sangrienta y escatológica que la guerra de 1895, el *Diario* ofrece una visión, pese a las contradicciones internas entre patriotas cubanos, sobre el desenlace de una contienda que se propone fomentar la voluntad de ser del pueblo cubano. Es decir, el comienzo de un *tempo* del «ser para la muerte Cuba» en virtud de la conformación colectiva de la conciencia nacional del pueblo cubano.

Tales reflexiones ontológicas de Joel sobre el *Diario* nos colocan 140 años después en la disyuntiva «de que aquellos hombres están situados precisamente en el lugar de cambio, en un punto coyuntural tal que la historia deja de tener pertinencia porque no tiene vigencia nada de lo ocurrido anteriormente y todo lo que pueda ocurrir más adelante depende de lo que ellos realicen en ese momento».

Tales *realizaciones* no dejan de tener plausibilidad de futuro en tanto las contingencias de la historia del ser (tal y como las reconoce Joel en *El ser y la historia*) van atravesadas por nuevos *comienzos* (rupturas, motivos históricos) una tras otras en el devenir cubano. El *Diario* que lee Joel, para usar una visión heideggeriana de la historia, constituye una de las primeras realizaciones del *ser cubano en el mundo* en busca de futuro como pueblo que, en medio de una guerra donde las contradicciones entre patriotas fueron obvias, aceleró el deseo espiritual con el fin de lograr la unidad de la nacionalidad y la nación entre cubanos.

Ángel Velázquez Callejas
Miami, febrero de 2022

C. **Carlos Manuel de Céspedes**
Presidente de la República de Cuba.

Concedo libre y seguro pasaporte al C. Francisco Javier Cisneros y á los individuos de su acompañamiento para que por el qualquier puesto de la Nación se dirijan al Estrangero en comisión importante del servicio. Y por lo tanto las autoridades civiles y militares y demás individuos particulares de la misma á quienes ocurran, les prestarán al efecto cuantos auxilios necesiten, rogando á los de Estados Amigos que verifiquen lo propio. Dado en Sabanilla de Palacios á diez de Junio de mil ochocientos sesenta y nueve años.—

C. M. de Céspedes:.

Acerca del *Diario de Campaña* de Manuel de Céspedes[1]

«Pérez Puelles, antiguo ayudante mío, cayó prisionero. Pasamos por Los Indios, vadeamos el Cauto por San Agustín y por una vereda muy mala, que subía un arroyo, llegamos a Caobal, como a las tres de la tarde bajo un fuerte aguacero que nos caló a todos, a pesar de las capas. A José Ignacio le atacó la fiebre. El subprefecto Carlos Cosme nos mandó carne de venado y boniatos, con lo que un tanto se aplacó el hambre. La escolta también se proveyó de boniatos. Sentí un frío tan grande que creí me iba a dar calentura. Dicen que anoche se oyó fuego hacia Baire Abajo»[2].

---

1   Texto publicado en la *Revista de la Biblioteca Nacional José Martí*, año 82, 3ra época, número 1-2 de 1991, págs. 73-89 Esta edición respeta la ortografía y la sintaxis de las citas del Diario de Carlos Manuel de Céspedes que Joel james incluye en el texto. (N. del e.).

2   Se trata del *fragmento* del *Diario* de Carlos Manuel de Céspedes, que comprende desde el venticuatro de septiembre de 1872 hasta el primero de enero de 1873, publicado en 1964 por el Instituto de Historia de la Academia de Cuba. Los compiladores Fernando Portuondo y Hortensia Pichardo lo incluyeron en *Carlos Manuel de Céspedes: escritos*, V. 1, Editorial de Ciencias Sociales, 1974 y Mayra Díaz Arango (compiladora) lo publicó aparte en la Editorial Ciencias Sociales (ediciones políticas) en 1978 bajo el título *Diario: julio de 1872 a enero de 1873*, 94 págs. (N. del e.).

Esta anotación, párrafo final de la correspondiente al primero de enero de 1873, es la última de un diario llevado por Céspedes que se inicia el día 24 de julio de 1873. No tenía la Guerra de los Diez Años para esa fecha, la estabilidad, la solidez referencial que proporciona un mando estable, el sosiego consecuencia del vislumbre de un triunfo próximo, que se reciben de los tres primeros meses, de la contienda en Oriente e incluso de los días inmediatos posteriores a la transacción de Guaimaro en el Camagüey. Encierran, por el contrario, estas escasas líneas del último apunte del testimonio inconcluso de Céspedes, el superlativo carácter trashumante del mando insurrecto, el desconocimiento de lo que sucede en las proximidades, la dependencia en que se está de lo que pueda aparecer para calmar el hambre, la pertinaz recurrencia de las enfermedades muchas veces no reconocibles, la noticia del mambí recién prisionero de los españoles que por repetida ya no asombra.

No son, por sí mismos, elementos diferenciantes de un momento en una guerra o de una guerra con relación a otra, sino únicamente en el grado, en la profundidad de su presencia, que ya no tan solo hace de este período final del 72 distinto de los últimos meses del 68 en Oriente a los mediados del 69 en Camagüey, sino, sobre todo, hace distinta la guerra del 68 a la del 95.

Hay ocasiones en que ese, digamos, desconcierto, de lo que sucede o puede suceder en torno, esa falta de

JOEL JAMES FIGAROLA

dominio sobre las situaciones se pone aún más de manifiesto; así el viernes nueve de agosto el primer presidente cubano en armas, apunta: «Los vianderos volvieron ayer diciendo que habían oído fuego, cerca. Detonaciones por la costa sur, en este momento; cañonazos según unos, truenos según otros. ¿Qué será? Vienen huyendo los convoyeros con anuncios de que el enemigo está en San Juan de Manacas: noticias contradictorias …»

Es, claro está, una característica de la Guerra Larga, pero no tanto por el hecho de que todos los mandos y jefes de la contienda estuvieran en una situación susceptible de dibujarse de igual manera como por el hecho de que era la situación específica y acostumbrada del representante más alto de la causa insurrecta. Es decir, se inscribe como una característica de la Guerra Larga por ser una característica de la situación en que se encontraba el Ejecutivo cubano, con lo cual nos acercamos a la observación de las razones que causaban esa corriente de situación del superior mando independentista, las contradicciones entre él, la Cámara, los mandos militares de mayor rango y la emigración.

De manera que esas pocas líneas de un párrafo apresurado escrito en un cuaderno regalado por alguien en un momento de la marcha —probablemente al acabarse las páginas del cuaderno terminaron las anotaciones en forma de diario, escaso de papel como siempre estaba el Presidente— nos aproximan a la más escondida naturaleza dramática de la Guerra de los Diez Años dentro de la cual se encuentran las contradicciones entre cubanos que poco a poco fueron sobre determinando la contradicción mayor entre cubanos y españoles que ya a esa altura de la guerra sería más preciso expresar como entre Cuba y España.

La Guerra del 68 fue una guerra cruel; probablemente, en muchos aspectos, más cruel que la del 95. Por lo pronto, con toda seguridad, de una crueldad diferente; el terror español; durante la última guerra de independencia está más cerca de las formas modernas del terror colonial —lo cual no quiere decir que fuese un terror menos inhumano—, más impersonal, de menos relación directa entre el que lo ejecuta y el que lo padece.

Por otra parte, la Guerra del 95 resultó una guerra militarmente más regular, con más respeto hacia el derecho de gentes en lo que a los combatientes se refiere; y con mayor preocupación hacia la opinión internacional. Como contrapartida a todo esto, sin embargo, fue una guerra de exterminio; probablemente sea el primer caso de intento de liquidación de un pueblo, de genocidio, dado por la práctica de la concentración durante el gobierno de Weyler, que conociese el mundo contemporáneo mucho antes de su consagración por la Alemania de Hitler.

Pero la muerte producto de la reconcentración no era una muerte directamente recibida del español; el gobier-

no colonial propiciaba la muerte de manera indirecta, la facilitaba, creaba las condiciones para que proliferase mordiendo carne; pero la población civil encerrada dentro de las alambradas de las ciudades siempre tenía la esperanza de sobrevivir gracias a la caridad de algún particular, o de algún funcionario compadecido o de los pocos eficaces mecanismos de auxilio internacional.

La Guerra de los Diez Años, en cambio, aunó más las características de guerra feudal y de guerra civil, elemento este último que añadía al conflicto mucha más crueldad que el anterior. La guerra dibujó definitivamente diferencias entre cubanos y españoles, pero en su transcurso existieron muchos cubanos, tantos como cubanos mambises alzados en la manigua, que continuaban sintiéndose españoles.

Esto originó la acechanza, la persecución entre hombres igualmente conocedores de la tierra y el clima que se tradujo en una infernal contienda de exterminio, porque al bando de Valmaseda no se podía contestar de otra manera que no fuese con el decreto de guerra a muerte de Céspedes de 1869, so pena de que las fuerzas insurrectas sufriesen, no ya físicamente, sino también en su fortaleza moral.

Fue una guerra sin prisioneros, en que se les permitieron facultades discrecionales a las tropas españolas en operaciones; en que hubo unidades de guerrilleros especializadas en 1a caza de las familias cubanas diseminadas por las prefecturas; en que los embargos de bienes alentaban el asesinato de los antiguos propietarios e incluso sus herederos; pero además fue una guerra durante la cual, la mayor parte del tiempo la insurrección no tuvo la suficiente fuerza militar como para evitar el bandolerismo que funcionó objetivamente como aliado del español por ser los cubanos el bando más débil en la lucha; hasta bien entrado el año 72 la deserción era un mal endémico y cada desertor en ciernes era un probable asesino del que hasta ese momento había sido su jefe o compañero, para ganar con ello créditos con las autoridades coloniales.

Tales los casos de José de la Caridad Vargas con Aguilera, y Hall con Marcano. Era una guerra, por último, en que su misma prolongación hacía que disminuyeran sensiblemente las esperanzas de sobrevivir y con ello la fe. ¿Cómo podía pensar y sentir un hombre como Carlos Manuel de Céspedes, que valoraba todo esto, se sabía a sí mismo como el desencadenador de la guerra y al mismo tiempo veía que hasta sus propios secretarios de gobierno pedían autorización para salir en «misión» al extranjero?

Pero también habría que preguntarse cómo levantaría su ánimo la observación de que por encima de los que vacilaban, los hombres humildes que él había convocado al combate se aplicaban al esfuerzo sin echar en cuenta los sacrificios: «Muchas familias que huyen del furor de los españoles han venido a acogerse a nuestro amparo. Algunas me han visitado. Hay ancianas tullidas, inválidas: prefieren morir a presentarse a los tiranos». Un día antes, el jueves primero de agosto, apuntaba: «Vino a verme el Teniente Coronel Juan Cintra; es un chino de más de cincuenta años, estatura regular, delgado, carilargo, ojos extraviados, habla tardía. Los españoles le asesinaron toda su familia».

Delgado, carilargo, ojos extraviados, habla tardía. No son precisamente los tonos más acostumbrados para pintar a los héroes. La estética cristiana, basada en el maniqueísmo, la demonomanía y el misticismo ha acuñado por milenios la correspondencia entre la bondad espiritual y la física y semejante impronta ha llegado hasta nuestros días por una carrera de relevo desde el románico hasta las formas masivas de expresión artística, aun cuando en determinadas manifestaciones

de estas la fealdad se presente de manera atractiva; el problema reside siempre en no asumir la fealdad como fealdad.

Pudiera pensarse que estas son notas para sí, como en el caso de Gómez; pero Céspedes lleva el diario —y esta es una de sus características— para que le sirva en ocasiones, no siempre, como anotaciones para las cartas a su esposa Ana de Quesada. Y esta era una de esas ocasiones; el 7 de agosto, en una de esas cartas, además de las observaciones ya recogidas en el diario agrega: «Es honrado, sereno en el combate, inteligente y partidario de la unión entre blancos y negros».

Carlos Manuel tenía la rara cualidad de penetrar en la esencia traspasando la dura corteza de las formas exteriores; pero aun diríamos que poseía el talento de una vez alcanzado lo hondo, buscar los misteriosos engarces de lo íntimo y escondido con lo evidente. De esta búsqueda constante en lo profundo está llena su prosa de campaña.

Este personaje de Juan Cintra, en esta primera aproximación, nos llena de interrogaciones al tiempo que nos asoma a la terrible realidad de aquella guerra y a la hazaña que significaba y el valor que requería mantenerse peleando por un tiempo dentro del cual cabía casi toda la juventud de un ser humano y que era suficiente para que un hombre maduro en sus comienzos resultase tan anciano al final. Tres meses más tarde Céspedes volverá de nuevo a hablarnos del teniente coronel:

«Mudamos de campamento entre ocho y diez de la mañana. Estamos en terreno de Guáimaro, punto nombrado de Cintra, cerca de un arroyo, que desagua en el río Guaninao, cuyas aguas bebemos. A poca distancia de aquí, enfurecidos los españoles acaudillados por el infame González Poet; porque no pudieron coger al coronel Cintra, quien a pesar de hallarse enfermo y solo, se escapó de la sorpresa que le dieron, guiados por el traidor Venzanz, haciéndoles con su rifle varias bajas: asesinaron a toda la familia de ese valiente cubano; que se componía de once personas entre mujeres y niños, abandonando los cadáveres insepultados. Cintra que fue el primero que, al regresar a su rancho, presenció tan horroroso espectáculo, dio sepultura a las víctimas, ayudado de los patriotas vecinos».

Ahora podemos completarnos la imagen; aquel hombre de cara larga, ojos extraviados y habla tardía, a quien los españoles asesinaron la familia, había enterrado a su mujer y sus hijos con sus propias manos, y frente a esa imagen así completada, constituida por las líneas de las apuntaciones diarias de Céspedes, cobramos conciencia de que en aquella guerra y por tanto en las anotaciones del jefe cubano, cada hombre tiene tras sí una huella, una señal, una cicatriz más o menos reciente, algo que los une pese a las diferencias, movimientos singulares que en conjunto resultan en un tejido único.

Nos damos cuenta entonces, apenas por esas pequeñas referencias, que la marca histórica que significa la guerra de los Diez Años se realiza por entregas sucesivas de vidas; que la nación se construye, en buena medida se ha construido para la fecha de los apuntes, porque muchas existencias como la de Juan Cintra y los familiares de Juan Cintra desembocan en ella amalgamándose. Nos damos cuenta que aquellos hombres están situados precisamente en el lugar de cambio, en un punto coyuntural tal que la historia deja de tener pertinencia porque no tiene vigencia nada de lo ocurrido anteriormente y todo lo que pueda ocurrir más adelante depende de lo que ellos realicen en ese momento.

Nos damos cuenta por último que la capacidad de indagar en el interior de las cosas y de los hombres y de indagar también en lo que está por venir, no era una virtud simple sino una necesidad en el hombre que había desencadenado la furia de todos aquellos encontrados elementos sociales y políticos; comprendemos cómo los ojos de este hombre necesitaban ver lo que comúnmente no veían los demás, aun cuando fuese solo por falta de costumbre o disciplina.

En «La Abadía de Battle», un episodio de su recorrido por Europa, Céspedes dice como:

> «… a la vista del terreno y con la historia del suceso en la mano, me formo las más extrañas ilusiones; me figuro estar presenciando aquellas muertas escenas, todo cobra para mí una nueva vida, y aún creo que se me aparecen las sombras de los que ya no existen».

No es precisamente animismo, sino una cierta capacidad para penetrar en el secreto interior de lo que está; un cierto sentido de, digamos, impregnación, entre los objetos y los seres vivientes que posibilita una extraña comunión entre el pensamiento y el recuerdo. Ahora, en medio de la manigua insurrecta, hay un intercambio lúdico con la luz y el paisaje, casi un diálogo entre él y la iridiscencia solar:

«Tengo al frente el Monte de la Peña Blanca que me ha distraído todo el día con sus juegos de luz. Tan pronto era una superficie igual en plano inclinado, como descubría sus innumerables espinazos y hondonadas variaba de colores con la rapidez maravillosa de caguayo. Las yagrumas algunas veces eran copas de esmeraldas; pero a pocos instantes, al herirlas los rayos del sol meridional, se transformaban en gigantescos floreros de azucenas de plata».

Aquello que estaba allí, aquel Monte de la Peña Blanca, tan pronto era una superficie igual inclinada, como descubría sus espinazos y hondonadas; todo el día se lo pasa el presidente cubano desentrañando las realidades ocultas tras las apariencias de las cosas, como si aquella montaña de la Sierra Maestra quisiera, al enseñarle los actos de prestidigitación con que a veces lo real se oculta, ayudarlo en la difícil tarea de conducir a los hombres y de vencer en la guerra.

No podemos perder de vista que este hombre el 30 de agosto del 72 está en medio de complicadísimas situaciones políticas y militares: la Cámara amenaza con reunirse para deponerlo, ha tenido que quitarle el mando a Gómez, la concentración de tropas proyectadas para el ataque a Holguín solo ha dado resultados parciales en los combates de Báguanos y Samá: no son pues estas referencias a los cambios de luz y apariencias del Monte Blanco, las observaciones de un diletante al que le sobra el tiempo a quien ninguna emergencia predispone el ánimo, sino de alguien que constantemente está urgido a actuar en diferentes direcciones, que sabe que hay decisiones que solamente puede tomar él, de las cuales dependen la vida de muchos hombres y el futuro mismo de la revolución.

Entonces, si no perdemos de vista estas circunstancias, comprenderemos cuánta importancia podía tener para Carlos Manuel de Céspedes constatar cómo las montañas cambian de colores «con la rapidez maravillosa de caguayo» y cómo las yagrumas son ahora y se transforman luego; constatar cómo todo tiene un perenne signo de cambio y movimiento, hasta aquellas realidades que parecen más permanentes como las montañas.

En el propio relato sobre su visita al escenario de la batalla de Hasting, nos habla de un anciano que le sirve de guía que «no moralizaba jamás», sino que «dejaba hablar a las ruinas». Parece decirnos que las cosas tal cual se presentan, ofrecen un ordenamiento y que este orden, y los factores que han intervenido para que sea de acuerdo con esta, su manera específica y factual encierran, una sabiduría solo susceptible de aprehenderse permitiendo que «hablen» las cosas, para lo cual todo intento de construcción de valores previo resulta contraproducente.

En cierta forma es el modo general de pensamiento de un hombre de un país en formación, de un pueblo todavía no cristalizado que necesita aplicar, bien el oído a las palpitaciones de su suelo para obtener una composición de sí adecuadamente clara y conveniente. Necesariamente todo esto nos conduce a pensar en el criterio martiano de las formas de gobierno del país nacidas y los criterios contrapuestos sobre las instituciones y los mecanismos de conducción de la guerra de Céspedes y los miembros de la Cámara de Representantes.

Durante los seis meses que abarca el diario, las anotaciones nos conducen a la descripción muchas veces minuciosa de los elementos más simples del paisaje físico y humano por donde transita el autor. Diríase que hay toda una actitud —y casi un asombro— de descubrimiento en ese sistemático reparar en las singularidades de las cosas más corrientes. «Ya el país es quebrado; pero hasta ahora no tiene nada de notable; solo algunos arroyos con el cauce seco; el camino del Cobre está cerrado por la yerba de guinea que en todas partes, así como el Paraná, está empastando mucho»; (…) «pasamos por Mojacasbe, Naranjo y otras estancias; cruzamos el Arrollo Rico y el Sampiñí, en cuya orilla nos detuvimos un rato y oímos ya ruiseñores»; «hay en esta serranía una mujer llamada Felicitas Nora que carga, a considerable distancias, más de 20 cocos y otras tantas calabazas»; (…) «conocí a un viejo de más de 70 años (…) que ha tenido 60 hijos de los cuales (…) 40 ó 45 de ellos están como él, sirviendo en el Ejército Libertador».

En la correspondencia de Ana de Quesada todavía es más evidente esta intención escudriñadora de Céspedes, que solamente aparece de nuevo en la literatura de campaña cubana, en el *Diario de José Martí*.

Puede decirse que se busca reconocer en la guerra la naturaleza cubana en su totalidad; no solamente en los magníficos espectáculos del monte de la Peña Blanca y el de las Cuabas, sino también en lo temprano de las lluvias que empastan los caminos, y en los ruiseñores y en la carga de cocos y de hijos de seres muy enraizados en el suelo de la isla. Céspedes era un hombre que desde la adolescencia se había mantenido muy cercano a las cosas de la tierra; hay pues, en estas notas un sentido como de volver a ver, como de revisar lo conocido desde otro punto de vista, desde el ángulo visual en que lo colocaba la guerra.

De cierta manera, la contienda por la independencia obligaba al reconocimiento del mismo paisaje, porque exigía el desentrañamiento de la sabiduría de su ordenamiento para que aquellos hombres que se encontraban saltando por encima de todo lo conocido, no lo hicieran hacia una realidad solamente intuida, hacia algo tan etéreo como «la diadema elíptica de niebla blanquesina» que lucía en su cima el monte de la Cuaba, sino hacia algo sólido, tangible y preciso. Porque en una buena medida aquellos hombres, y Céspedes es el primero entre todos, carecen en aquella situación del elemento preferencial y antecedente, lo cual re-

sulta tanto más trascendental en cuanto ellos mismos
constituyen el antecedente y el elemento referencial
por excelencia de todo el tiempo que ha transcurrido
en sus días hasta los nuestros, y de los nuestros en
adelante. Había que reconocer el paisaje, porque había que revalorarlo todo, incluyendo a ellos mismos,
porque se encontraban situados en la línea divisoria
de las aguas, porque estaban marcando el momento de
superación de nuestra prehistoria por nuestra historia.

De modo que, si podemos decir que el *Diario de Gómez*
posee el atributo de la totalidad, estas pocas páginas
del testimonio de Céspedes contienen todo el alcance
de los orígenes, de lo que resulta por primera vez, del
alumbramiento. De esta suerte, todo lo que hemos
dicho se inscribe como el sentido dramático de lo
que comienza; desde la peculiar situación en que se
encontraba el Presidente cubano en la guerra y que
vimos a través de las escasas líneas de la última anotación, hasta el misterio de lo acontecido a Cintra, el
de habla tardía y ojos extraviados, y los cambios de
luz sobre la cresta de la Maestra y la minuciosidad en
la observación de lo cotidiano.

Esa característica de constituir el testimonio de los
orígenes, es el elemento fundamental de los seis meses
de anotaciones de Céspedes a que forzosamente nos
conducen las reiteradas referencias a los problemas
internos del campo insurrecto. Junto al hilo narrativo
de lo que día a día va sucediendo, en las incidencias de

la marcha, los preparativos de unos combates, el resultado de otros, la ayuda que se presta o es prestada, se hilvana toda una narración como a saltos que encierra las contradicciones de los comienzos: los esfuerzos de sus opositores por reunir la cámara; el desacato a su autoridad de algún representante por cualquier asunto nimio; la necesidad en que está de castigar las irregularidades que comete algún mando. En ocasiones se reciben periódicos, entonces, de manera telegráfica, se copia:

«Cortes disueltas en España. Alemanes estuvieron para bombardear a Port Au Prince (Haití). No hay peligro de guerra con Santo Domingo. Cabral mal. Sigue la guerra en Méjico. Guzmán Blanco sale contra Cuchasne (…) Los inicios revueltos en E.U. Terremotos en Filipinas y otras partes (…) Víctor Hugo diputado por Ayel. Los habitantes de Lorena y Alsacia emigran en masa para Francia. El General Grant regresó a la Casa Blanca».

En la manigua es difícil imaginar que algo existe más allá de donde se sabe vigilan los fusiles españoles. ¿Qué idea de la exterioridad podían tener los hombres aquellos al cabo de cinco años de pelear en los bosques? Pero había un mundo que vivía más allá de la guerra, un mundo cuya existencia Céspedes constataba cuando Leonidas Raquín, desde Santiago de Cuba, podía hacerle llegar, junto a la correspondencia del extranjero, algunas publicaciones. Un poco que las noticias de ese mundo «más allá» encandilan la vista, pero solo un momento; luego el mundo aquel se mezcla con el más próximo, con el que urgía constantemente a la acción:

> «Riquelme en Holguín esperado en Cuba. Salgado presentado al traidor Fajardo: habrá buena zafra en Cienfuegos. Se suicida el Teniente Coronel del Segundo Bon de España: El Papa tiene a su lado un úumero de holgazanes grandes: cólera en Caney, en Cuba sopa a los pobres que huyen de Yaguas. Fincas embargadas en Remedios entregadas en arrendamiento a Diego Machado y Tomás Martínez. Parece que Italia se prepara contra Francia».

La guerra de Cuba, sin embargo, era para el mundo civilizado un problema marginal, algo a lo que no debía prestarse mucha atención o importancia, apenas una contrariedad más en la accidentada carrera del colonialismo español. Esta pobre valoración del independentismo cubano Céspedes la conoce y comprende que la visión aparentemente irreal que un lustro en la manigua propicia, es trágicamente cierta, no hay exterioridad para Cuba, no hay mundo más allá del cadalso español, porque los insurrectos cubanos están solos:

> «… los españoles siguen en su carrera de crímenes atroces que superan al que suscitó tanta indignación. Y entretanto para la filantrópica Inglaterra, para la civilizada Alemania, para

la republicana Francia y hasta para la América independiente, la España es una nación constituida con quien no deshonra alternar, y los cubanos, sino unos bandidos cuyo contacto mancilla, unos rebeldes a quienes es lícito exterminar por cualquier medio. Para la primera los honores y los auxilios; para los segundos los desdenes y las persecuciones. ¿Qué importan esos inválidos, esos moribundos, esas mujeres, esos niños degollados a sangre fría? ¿Quién los mandó que aspirasen a ser libres? ¿No sabían que de todos modos es preciso respetar el derecho de la fuerza? ¡Sufran pues y mueran! O sepan vencer; que la victoria todo lo santifica».

Esta disyuntiva de Mueran o Venzan se inscribirá como una constante a lo largo de toda la historia cubana hasta nuestros días: independencia o muerte, patria o muerte. En el momento en que aparece en este testimonio de nuestro origen, la opción no es solamente el resultado de la amenaza española ni es solamente tampoco una decisión de resistir frente al dominio español; es también el resultado del desinterés del mundo culto pese a su desinterés y a nuestra soledad.

Es decir, que nuestros comienzos, el inicio de nuestra historia —cuyos ingredientes dramáticos constituyen el aspecto fundamental del *Diario de Céspedes*— es un acto hacia el cual el mundo civilizado, el mundo de la línea típica de la cultura cristiana, el mundo del buen gusto y el refinamiento, da las espaldas. Nuestro origen es, en buena medida, un acto de imposición a ese mundo. De esa forma aquí, en la crónica de nuestro inicio, se plantea con toda su fuerza lo que a nuestro modo de ver constituye el rasgo más importante de nuestra cultura nacional: la *voluntad de ser.*

Claro que esta soledad del independentismo cubano se confunde y hace una con su propia soledad:

> «Hoy hace un año que no veo a Cambula ni a mi hijita. En todo este tiempo me he hallado como solo en el mundo, como si hubieran muerto todas las personas que me profesaban y a quienes yo profesaba un verdadero cariño (…) Ni una lágrima secreta para mezclarla con el raudal de mis ojos en las noches de insomnio y afligida para saludar mis aventuras; ni una mano blanda y amoción; ni una sonrisa cordial en un rostro entristecido rosa para enjugar el sudor de mi frente en las horas de cáliz o de enfermedad; ni una voz simpática y suave para consolarme en mis adversidades, o en las injusticias de los hombres; todo eso se acabó para mí y tal vez nunca más volverá a ser (…) El porvenir se me presenta sombrío. Yo expirando abandonado en la roca de Prometeo; mi honor mancillado; mi patria pobre y esclava; mis hijos con el sombrero del

pordiosero en la mano, o en los cubículos de
las prostitución (…)»

Volvemos a encontrarnos de nuevo en la soledad del
jefe en medio de una lucha encarnizada, pero ahora,
de manera más clara que en el caso de Gómez, este
sentimiento de soledad se entrelaza con un cierto sentido escatológico, de unión inevitable de su vida con
el destino del proceso político que él mismo ha desencadenado Céspedes sabe que por ser él el iniciador no
puede desvincularse de aquello que él ha dado origen
pero, por conocer las contradicciones del comienzo,
sabe también que es muy difícil que sobreviva a la
lucha sea cual sea el resultado de esta.

Estamos en presencia de lo puramente trágico; por su
singular capacidad de penetración Céspedes sabe que
su vida ha de integrarse de manera fatal a la guerra
que él ha convocado; pero esta convicción, lejos de
alejarlo de la lucha o de moverlo a redireccionarla hacia
otro fin que no fuese la independencia, para con ello
intentar soslayar el resultado final que vislumbra con
toda nitidez y lo reafirma en el propósito separatista:

> «Yo estoy bien persuadido de que no he de
> volver a verte; —escribe a su esposa—, porque
> moriré en la guerra o alguno me matará antes»
> pero, al ponderar la soledad de la lucha con
> relación al extranjero, —dice con una mezcla
> de amargura y satisfacción: «Cumple hoy un

año del desembarco de Melchor Agüero; es decir un año que no recibimos una libra de pólvora, ni un fusil, ni un hombre. En tanto los enemigos han recibido de todo con abundancia. ¡Y sin embargo no nos han vencido!».

Como las entidades monoteístas de los antiguos pueblos nómadas, el primer Presidente de Cuba en armas es la referencia de lo permanente en aquella lucha de movimientos constantes. Los combatientes dispersos a lo largo de todo el territorio insurreccionado saben que hay un Presidente; es posible que no alcancen a desentrañar el complejo significado del término de manera consecuente con el pensamiento político de la ilustración.

Pero esa palabra y ese hombre, sobre todo esa palabra en ese hombre, les proporciona un cierto sentido de seguridad, de acompañamiento, una cierta idea de lo colectivo que, para aquel entonces, se equivale a decir de lo popular. En cierta forma, Céspedes alivia las soledades individuales de todos los hombres del campo insurrecto, pero esto hace más difícil de salvar su propia soledad. «Todos me lloran sus cuitas, a quién lloraré yo las mías».

En una ocasión, al cruzar el Contramaestre por encima del lecho de lajas resbaladizas, el caballo cae de costado encima de él y al intentar levantarse lo golpea varias veces rompiéndole el carrillo derecho, la boca y varios dientes; otro día apunta que «estamos comiendo sopas de semillas de mamoncillos y dulces de mango sin azúcar ni miel»; delante tiene la última proclama de Valmaseda donde intenta descubrir alguna referencia a la noticia que le ha llegado del fracaso de la expedición Peralta.

Sin embargo, en momentos posteriores nos dice que ha colocado un reloj de sol —y nos tenemos que preguntar si ese reloj de sol no lo habrá construido él mismo— en el lugar que le sirve ocasionalmente de campamento y apunta más adelante que ha cambiado la disposición de los tres puntos masónicos finales de su firma. Salta a la vista el contraste entre lo hostil y agresivo de la situación en que se encuentra y la forma serena, ecuánime, de conducirse dentro de ella, el cuidado casi exquisito, de poner a salvo su carácter, su personalidad, de cualquier contingencia, incluso la muerte.

Este hombre que nos ha dejado esas pocas páginas del testimonio de los comienzos, es un hombre que sabe sufrir porque ha sufrido mucho y ello nos posibilita que podamos encontrar de nuevo lo que ya habíamos pesquisado en el *Diario de Gómez*, la tendencia a la reducción a la cotidianidad, el afán de conducirse normalmente dentro de la anormalidad.

Con la misma serenidad que le escribe a Ana de Quesada el 21 de Noviembre del 73 «mi pobre hermano

Pedro selló con su sangre el juramento de volver a Cuba» refiriéndose a Pedro de Céspedes, fusilado con otros expedicionarios del *Virginius* junto a los muros de Santa Ana, serenidad que es igual a la que le sirvió para rechazar la oferta del gobierno español de liberar a su Oscar, pone ahora, en un momento cualquiera de la marcha, un reloj de sol que probablemente muy pocos además de él sabían descifrar, sin poseer siquiera la certidumbre de que los designios de la contienda le vayan a permitir regresar por la angostura de aquel lomerío, a leer el tiempo.

Para Céspedes no importa; en medio de la trashumancia de la guerra él se conduce con criterios de sedentaridad y aquel reloj de sol será siempre el reloj que puso el presidente y aunque nunca pudiera nuevamente medir el tiempo para él, siempre lo mediría para cualquier cubano, que es decir medirlo para todos los cubanos, pero no ya el tiempo en horas, minutos y segundos, sino el tiempo *epocal*, el tiempo que se rehace a sí mismo una y otra vez de nuestro largo camino de la independencia.

Una noche sueña que han triunfado y que están en sus casas trabajando en la nueva legislación. Hay en toda la narración de Céspedes recurrencia de planos reales que recuerdan lo onírico, no porque lo que se narra sea de una índole poco tangible, sino por el juego de los grandes signos sin que medie entre ellas soluciones de transición, sino de manera abrupta, cortante. Un día la familia del teniente coronel Vega se reúne completa al cabo de cuatro años de guerra sin verse, sanos y salvos todos sus miembros, «en presencia de su gobierno».

El hecho posee tanta fuerza, tiene tal contenido dramático, que Céspedes se refiere a él en términos de «hubo una escena». A lo largo de todo aquel tiempo sin encontrarse, los familiares separados y sin noticias unos y otros en medio de la lucha, debieron construirse las más oscuras suposiciones. La alegría del encuentro estaría subrayada por toda la angustia de la incertidumbre anterior, pero al mismo tiempo resucitaría disminuida por la necesidad de volver a separarse, por el inicio de una nueva espera, por el comienzo otra vez de la incertidumbre que acabaría por insertar dentro de sí la alegría misma de aquella reunión cerca de las márgenes del Contramaestre.

Como en lo onírico la narración de Céspedes contiene el sentido de lo común, de lo extraordinario, aunque suceda todos los días, de lo no susceptible de explicación inmediata. A fines de julio nos dice que «lloviznó»; no dejaría de llover en los cinco meses siguientes y las referencias en el diario a la lluvia son tan numerosas y exactas que pudiera seguirse durante esos ciento cincuenta días el flujo de las precipitaciones:

«... cayó un chubasquito, llovió poco, llovió fuerte, anoche llovió e hizo calor, llovió más que ayer, llovió recio, cayó un fuerte aguacero, no cesó la lluvia hasta la noche, cayeron nortes de agua».

Dentro de esta dimensión de lo no natural y los grandes contrastes caben las muertes que se presagian y suceden, las enfermedades misteriosas con síntomas ilegibles, los ruidos que nadie sabe de dónde provienen, las aves que llegan a lugares donde nunca habían sido vistas antes; las dos mujeres que le entregan el día 16 de agosto la última espuela que le quedaba perdida por Céspedes durante la jornada por «un camino montañoso y monótono» tres días antes; la *hipecacuana* que se aplica contra las epidemias de fiebre; los pediluvios para contrarrestar las alucinaciones de las calenturas.

El 25 de julio del 72 escucha los cañonazos con que los españoles celebran, en la capital del Departamento Oriental, el día de Santiago Apóstol, patrono de la ciudad; «esta noche le daremos la serenata», apunta a continuación y en las notas referentes al día siguiente, 26 de julio, nos cuenta el ataque al poblado de Baire Abajo, sorprendiendo a los enemigos en medio del baile.

El primero de septiembre, lo angustia la multitud de familias que han buscado refugio a la sombra de los campamentos insurrectos en las estribaciones de la Maestra, y la falta de recursos para defenderlas y sostenerlas con vistas a lo cual «estoy tomando provisiones para que no demore el parque del departamento del centro»; luego nos dice «¡Si pudiéramos formar una población!».

A lo largo de los cinco años de guerra en que él es Presidente, Céspedes no abandona la idea de conducir la insurrección hasta la situación con que se había estrenado en octubre del 68; un poco es como si no hubiera cicatrizado del todo la herida urticante de la pérdida de Bayamo y como si no se abandonara el propósito de darle a la revolución un centro geográfico al cual referirse; durante todo ese tiempo la posibilidad de ocupar un puerto de mar lo obsesiona y se suceden las combinaciones militares, hoy dirigidas hacia Holguín, mañana hacia Manzanillo, en las cuales reúne la totalidad de las tropas con capacidad operativa en el territorio oriental buscando imprimirle a la guerra un carácter diferente.

Pero si los puertos de mar no pueden ser ocupados sin poseer primero una cobertura naval mínima, y si los ataques a las ciudades, aunque victoriosos, no son lo suficiente como para reproducir la caída en manos insurrectas de Bayamo, por qué no pensar en levantar en aquella serranía donde deambulaban multitud de familias cubanas, a merced de los bandoleros y los guerrilleros al servicio de España, una segunda capital de Cuba en Armas.

Sin embargo, el propio día 1 de septiembre, a renglón seguido, nos dice algo que nos inclina a pensar de nuevo en lo mágico dentro de la guerra y dentro de la naturaleza insular y en lo peculiar de la situación en que Céspedes se encontraba con relación a la naturaleza y a la guerra: «observo que, en este lugar, a ninguna hora del día, hay viento reinante: tan pronto sopla de un punto del compás como de otro, aún de los más opuestos».

Sobre él, incidían todos los vientos encontrados de las contradicciones de nuestros comienzos, que convertían la revolución, la estabilidad de su gestión dirigente, en una pugna de tendencias que quizás solamente tuvieran de común el afán de limitarle a Céspedes el alcance de su autoridad y su ascendencia; una de aquellas concentraciones militares que él preparaba para imprimirle a la contienda una escala y una efectividad mayores, sería aprovechada por sus opositores para deponerlo, con lo cual la revolución sería víctima de los vientos encontrados, que se equivale a decir de la ausencia de un viento único, «de las fuerzas rudas de un país nuevo», al decir de Martí.

Sin embargo, el pleno conocimiento de su destino trágico, el penetrante dominio que Céspedes poseía sobre los antagonismos de los orígenes, no lo movían a pensar con escepticismo en el resultado final de la lucha; sí sabía hasta qué punto el inicio de su propia vida nutriría la razón de ser de la independencia, estaba convencido también que esta se alcanzaría, más aun, que se había alcanzado ya que, en virtud de la lucha que él desencadenaba y dirigía, Cuba era, tenía realidad, por sí, pese a la circunstancial ocupación y dominio del extranjero:

> «¡La faz del dado tirado en Yara —dice—, está bien a la vista. España perdió a Cuba!»

JOEL JAMES FIGAROLA

El 14 de diciembre del 72 apunta en su diario: «Los muchachos del campamento jugando a la guerra con los españoles, meten tanto ruido que no lo creo conveniente». Dentro del sangriento drama de la guerra real, a muerte y sin prisioneros, entre Cuba y España, los niños de aquellas familias que corrían el riesgo del asesinato por las partidas rancheadoras o de la muerte por hambre o por enfermedad, a cambio de saberse dentro del territorio libre cubano, jugaban a la guerra entre cubanos y españoles. Aquella algazara infantil, el júbilo de repetir a su tamaño lo que veían hacer a sus mayores, el «tanto ruido» aquel que alarmaba a Céspedes, era también un grito por la independencia y por el pueblo. En ese renuevo constante el destino de Cuba estaba asegurado.

Acerca del *Diario de Campaña* de Carlos Manuel de Céspedes

EXXODUS

La edición de
Acerca del Diario de Campaña de Carlos Manuel de Céspedes
de Joel James Figarola
se realizó entre Barcelona y Miami
en febrero de
2022

Joel James Figarola, escritor, ensayista, promotor cultural e investigador cubano. Nació en La Habana el 13 de enero de 1942 y falleció el 27 de junio de 2006 en Santiago de Cuba. Se graduó de Licenciado en Historia en la Universidad de Oriente y trabajó en la Dirección de Extensión Universitaria de ese centro universitario. Fue asesor literario del Conjunto Dramático de Oriente y asesor dramático del Cabildo Teatral Santiago. Responsable del equipo de investigadores de la Dirección del Sectorial de Cultura de Santiago de Cuba. Fundador y director de la Casa y el Festival del Caribe. Poseía la categoría de Investigador Titular. Participó de jurado, entre otros, del concurso Unión Nacional de Escritores y Artistas de Cuba, organización de la que fue miembro desde 1978. Entre sus reconocimientos se cuentan el Premio Nacional de Investigación Cultural, el Premio Nacional de Cultura Comunitaria, así como la Distinción por la Cultura Nacional. Premio nacional Guillermo Vidal. Jurado Premio Casa de Las Américas. Con más de una docenas de libros publicados se destacan *El caribe entre el ser y el definir*, *El ser y la historia*, *La brujería cubana: el palo monte*, *El vudu en Cuba* y *La gran nganga*.